JUGUEMOS
Tenis

Aaron Carr

Visita nuestro sitio **www.av2books.com** e ingresa el código único del libro.

Go to www.av2books.com, and enter this book's unique code.

CÓDIGO DEL LIBRO
BOOK CODE

V 7 6 5 6 2 3

AV² de Weigl te ofrece enriquecidos libros electrónicos que favorecen el aprendizaje activo. AV² by Weigl brings you media enhanced books that support active learning.

El enriquecido libro electrónico AV² te ofrece una experiencia bilingüe completa entre el inglés y el español para aprender el vocabulario de los dos idiomas.

This AV² media enhanced book gives you a fully bilingual experience between English and Spanish to learn the vocabulary of both languages.

Spanish

English

Navegación bilingüe AV²
AV² Bilingual Navigation

CERRAR
CLOSE

INICIO
HOME

CHANGE LANGUAGE
ENGLISH SPANISH

OPCIÓN DE IDIOMA
LANGUAGE TOGGLE

Ganamos el partido. Nos sentimos cansados y felices. Me encanta el hockey.

CAMBIAR LA PÁGINA
PAGE TURNING

BACK NEXT

VISTA PRELIMINAR
PAGE PREVIEW

JUGUEMOS

Tenis

CONTENIDO

Me encanta el tenis. Hoy voy a jugar tenis.

Comenzar pequeño

Los niños juegan al tenis en una cancha pequeña.

Me visto para jugar al tenis. Me pongo los pantalones cortos de tenis y una camiseta con cuello.

Vestimenta

Algunas canchas de tenis tienen un código de vestimenta.

Tengo una raqueta de tenis. Uso mi raqueta para golpear la pelota de tenis.

Como un profesional

Los jugadores de tenis realizan dos tipos de tiros.

Voy a jugar a la cancha de tenis. Golpeo la pelota contra la pared para entrar en calor.

Estiramientos

Los jugadores de tenis entran en calor antes de jugar un partido.

Juego un partido
con un amigo.
Golpeo la pelota
hacia mi amigo
para comenzar
el partido.

El saque

El primer golpe
de cada punto
se llama saque.

Mi amigo golpea
la pelota hacia mí.
Debo golpear la pelota antes
de que rebote dos veces.

Golpear la pelota hacia atrás y adelante se llama pelotear.

Anoto un punto cuando mi amigo no golpea la pelota. Mi amigo anota un punto si golpeo la red con la pelota.

Punto de partido

Para ganar un partido de tenis hay que anotar cuatro puntos.

A veces, juego en un equipo con un amigo. Jugamos con otros dos jugadores. Esto se llama jugar dobles.

Ver doble

Para jugar dobles, la cancha es más corta y ancha.

Me encanta el tenis.

DATOS DEL TENIS

Estas páginas proporcionan más detalles acerca de los datos interesantes que se encuentran en el libro. Están destinadas a ser utilizadas por los adultos como soporte de aprendizaje para ayudar a los jóvenes lectores a completar su conocimiento de cada deporte de la serie *Juguemos*.

Páginas 4–5

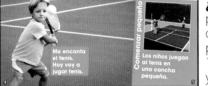

¿Qué es el tenis? El tenis es un deporte de raqueta que se juega usualmente por dos jugadores. Este deporte ha permanecido prácticamente igual desde sus comienzos en el siglo 19 en Gran Bretaña, pero el desarrollo moderno del tenis para niños ha resultado en nuevas normas y reglamentos. Los niños de hasta 10 años de edad suelen practicar en canchas más pequeñas, usando raquetas y pelotas de menor tamaño que no rebotan tan alto como las normales.

Páginas 6–7

Lo que debo ponerme La mayoría de los jugadores usan pantalones cortos y camisetas de manga corta con cuello llamadas camisetas polo. Algunos jugadores prefieren usar camisetas regulares, pero suele haber reglas de códigos de vestimenta que prohíben esta prenda. Las mujeres a veces usan una falda especial, llamada falda de tenis con una camiseta polo. Tanto los hombres como las mujeres usan zapatos de tenis que les brindan a los jugadores un buen agarre a la superficie de la cancha y ofrecen apoyo para los tobillos.

Páginas 8–9

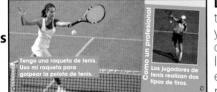

Lo que necesito Lo más importante del equipo de tenis es la raqueta. La raqueta tiene un mango amplio, llamado empuñadura, que está unido a un marco ancho y redondo. El centro del marco tiene un entramado de cuerdas entrecruzadas que están tensadas. El entramado provee la superficie de golpe para pegarle a la pelota. Las raquetas de tenis solían ser fabricadas de madera. En la actualidad están hechas de materiales compuestos de metales que son resistentes y de poco peso. El entramado puede ser de tripa de vaca o de un material sintético.

Páginas 10–11

Dónde juego Las personas juegan al tenis en canchas. Las canchas de tenis son rectangulares y tienen una superficie plana. Las canchas miden 78 pies (23,77 metros) de largo y 27 pies (8,23 m) de ancho. También cuentan con una red que mide 2 pies y 6 pulgadas (1,07 m) de alto que se extiende a lo largo del medio de la cancha. Las líneas blancas en el piso de la cancha marcan los límites del área de juego. La mayoría de las canchas de tenis tienen superficies de arcilla, césped o concreto. Se llama burbuja a las canchas de tenis cubiertas con paredes y techos inflables.

Páginas 12–13

Comienzo del juego Para comenzar un partido, los jugadores eligen quién sacará primero y en qué lado de la cancha comenzarán a jugar. El partido comienza con un saque, o servicio. El saque se debe realizar desde el cuadro de saque. Tiene que cruzar la red en diagonal desde una esquina de la cancha a la otra, y la pelota debe caer dentro del cuadro de saque opuesto sin tocar la red. Si la pelota del saque no cae en el área adecuada sin golpear la red, es una falta. Si se realizan dos faltas, o una doble falta, el otro jugador gana un punto.

Páginas 14–15

Jugando un juego Los partidos de tenis están compuestos de puntos, juegos y sets. Cada juego tiene cuatro puntos. Un set puede constar de tres o cinco juegos, y un partido puede ser de hasta tres sets. Los jugadores obtienen puntos cuando sus oponentes no pueden golpear la pelota antes de que rebote dos veces en el suelo. Los jugadores también obtienen puntos cuando sus oponentes lanzan la pelota fuera de los límites del área de juego o sobre la red. Los primeros tres puntos se cuentan como 15, 30 y 40. El cuarto punto define el ganador del juego. La puntuación de cero se llama *love*. De esta manera, el jugador que está sacando y va ganando por dos puntos tendría una puntuación de 30–*love*.

Páginas 16–17

Ganando el juego En la mayoría de los torneos, los juegos se deben ganar por dos puntos. Esto significó que si hay un empate de 40 puntos, un jugador debería anotar dos puntos más, en lugar de uno, para ganar el juego. El jugador debe ganar seis juegos con un margen de dos juegos para ganar el set. Si dos jugadores ganan seis juegos, se realiza un juego de desempate. En los torneos, los partidos suelen ser del mejor de tres sets o el mejor de cinco sets. Esto quiere decir que uno de los jugadores debe ganar dos o tres sets para ganar el partido.

Páginas 18–19

Jugando dobles Cuando se juega al tenis con dos jugadores opuestos, el juego se llama *singles*. También se puede jugar al tenis entre dos equipos de dos jugadores cada uno, o dobles. La cancha es más ancha en los juegos de dobles, mide 36 pies (10,97 m) de ancho. Los equipos dobles pueden ser solamente de hombres, de mujeres, o de hombres y mujeres, lo que llama dobles mixtos.

Páginas 20–21

Me encanta el tenis Jugar al tenis es una excelente manera de mantenerse activo y saludable. Es un deporte de ritmo rápido, que consume mucha energía y requiere fuerza, resistencia y habilidad. El tenis promueve el bienestar físico, la salud cardiovascular y la coordinación entre manos y vista. Con el fin de obtener el mayor beneficio del tenis, también es importante comer alimentos saludables. Alimentos tales como las frutas, vegetales y granos les brindan a las personas la energía que necesitan para realizar su mejor desempeño en la cancha de tenis.

¡Visita www.av2books.com para disfrutar de tu libro interactivo de inglés y español!

Check out www.av2books.com for your interactive English and Spanish ebook!

1 **Entra en www.av2books.com**
Go to www.av2books.com

2 **Ingresa tu código**
Enter book code

V 7 6 5 6 2 3

3 **¡Alimenta tu imaginación en línea!**
Fuel your imagination online!

www.av2books.com

Published by AV² by Weigl
350 5th Avenue, 59th Floor New York, NY 10118
Website: www.av2books.com   www.weigl.com

Library of Congress Control Number: 2014933110

ISBN 978-1-4896-2159-7 (hardcover)
ISBN 978-1-4896-2160-3 (single-user eBook)
ISBN 978-1-4896-2161-0 (multi-user eBook)

Printed in the United States of America in North Mankato, Minnesota
1 2 3 4 5 6 7 8 9 0 18 17 16 15 14

032014
WEP280314

Project Coordinator: Jared Siemens
Spanish Editor: Translation Cloud LLC
Designer: Mandy Christiansen